25 ans du Protocole au Traité sur l'Antarctique sur la protection de l'environnement

COMITE POUR LA PROTECTION DE L'ENVIRONNEMENT

25 ans du Protocole au Traité sur l'Antarctique sur la protection de l'environnement

Secrétariat du Traité sur l'Antarctique

Buenos Aires

2016

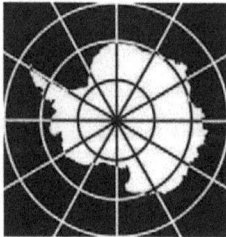

Publié par :

Secretariat of the Antarctic Treaty

Secrétariat du Traité sur l'Antarctique

Секретариат Договора об Антарктике

Secretaría del Tratado Antártico

Maipú 757, Piso 4
C1006ACI Ciudad Autónoma
Buenos Aires - Argentina
Tel: +54 11 4320 4260
Fax: +54 11 4320 4253

ISBN 978-987-4024-11-4

Contenu

*L'Antarctique : une zone naturelle consacrée à la paix
et à la science* _____ 7

L'avènement du Protocole de Madrid _____ 7

Le Protocole de Madrid _____ 8

*Le Comité pour la protection de l'environnement
Son rôle et son fonctionnement* _____ 13

Les travaux du CPE _____ 15

Documentation supplémentaire _____ 19

Tableau 1 : Membres et Observateurs
du Comité pour la protection de l'environnement
(avril 2016) _____ 21

L'Antarctique : une zone naturelle consacrée à la paix et à la science

Le Protocole au Traité sur l'Antarctique relatif à la protection de l'environnement est l'accord international qui établit le cadre qui permet de garantir la protection globale de l'environnement en Antarctique. On y fait généralement référence comme le « Protocole de Madrid ».

L'avènement du Protocole de Madrid

Le Protocole de Madrid fut négocié par les Parties au Traité sur l'Antarctique entre 1989 et 1991, à la suite de l'échec des négociations concernant l'élaboration d'un instrument international de réglementation visant à régir les activités minières en Antarctique (la Convention sur la réglementation des activités relatives aux ressources minérales de l'Antarctique ou CRAMRA).

L'adoption du Protocole de Madrid implique l'interdiction pour une durée indéterminée de toute activité relative aux ressources minérales, autre que la recherche scientifique.

Le Protocole a été construit sur toute une série de dispositions environnementales qui ont été approuvées au cours des Réunions consultatives du Traité sur l'Antarctique (RCTA) depuis la signature du traité, dont les fameuses mesures pour la conservation de la faune et de la flore de l'Antarctique convenues en 1964. Le Traité s'est également inspiré d'éléments en matière de gestion environnementale qui avaient été abordés pendant les négociations de la CRAMRA (comme les dispositions applicables aux situations d'urgcncc), ainsi que des travaux antérieurs du Comité scientifique pour la recherche en Antarctique (SCAR) et de l'Organisation maritime internationale (OMI) relatifs à la gestion des déchets et à la pollution maritime, respectivement.

Le Protocole fut ouvert à la signature des Parties le 4 octobre 1991, avant d'entrer en vigueur le 14 janvier 1998.

Les 26 nations ayant signé le Protocole à l'origine ont entretemps été rejointes par 11 nouvelles nations (cf. Tableau 1).

Le Protocole de Madrid

Le Protocole de Madrid a été élaboré avec soin. Son statut en tant que protocole au Traité sur l'Antarctique avait pour vocation de renforcer le Traité comme cadre de gouvernance pour la région. Le Protocole s'applique en cela également à la zone du Traité sur l'Antarctique, à savoir à la région située au sud du 60ᵉ degré de latitude sud.

Le Protocole de Madrid a été élaboré autour d'une série de principes environnementaux fondamentaux (le Protocole en tant que tel), et est accompagné de plusieurs annexes stipulant des règles et des dispositions plus détaillées. En plus d'octroyer l'ajout de nouvelles annexes en fonction des besoins, cette approche permet également d'actualiser les annexes et d'intégrer les changements qui interviennent du point de vue de la sensibilisation et des pratiques de gestion environnementales.

Les principes qui se trouvent au cœur du Protocole sont :

- La désignation de l'Antarctique comme une « zone naturelle consacrée à la paix et à la science » ;
- L'interdiction de mener des activités minières et des activités relatives aux ressources minérales dans la zone couverte par le Traité sur l'Antarctique ;

- L'exigence de considérer la protection de l'environnement comme une donnée capitale pour la planification et la réalisation de toute activité en Antarctique ;
- L'élaboration d'un cadre global pour évaluer les impacts environnementaux en Antarctique, y compris l'évaluation préalable de toutes les activités qui y sont menées ;
- L'obligation d'établir des plans d'urgence et de répondre de manière rapide et efficace aux urgences environnementales en Antarctique ; et
- La création du Comité pour la protection de l'environnement (CPE).

Le préambule au Protocole de Madrid expose le souhait des Parties au Traité sur l'Antarctique d'élaborer un régime global de protection de l'environnement en Antarctique et des écosystèmes dépendants et associés, au bénéfice de l'humanité tout entière.

À l'heure actuelle, le Protocole de Madrid compte six annexes. Ces dernières font partie intégrante du Protocole et de son cadre juridique. Les annexes actuelles sont :

ANNEXE I : **Évaluation d'impact sur l'environnement** – Les impacts sur l'environnement des activités envisagées en Antarctique doivent, avant leur lancement, être examinés afin de : identifier les éventuels impacts sur l'environnement, y compris les impacts cumulatifs ; identifier des approches alternatives potentiellement plus écologiques et déterminer s'il convient de mettre en place une surveillance en vue de confirmer les impacts prévus pour l'activité proposée. L'exhaustivité avec laquelle il convient de mener l'évaluation d'impact sur l'environnement dépend de la possibilité de voir les impacts prévus exercer un impact inférieur, égal ou supérieur à un impact mineur ou transitoire. Les évaluations globales d'impact sur l'environnement en projet (réalisées pour les activités dont l'on soupçonne qu'elles exerceront probablement un impact plus que mineur ou transitoire) doivent être mises à la disposition du public, circuler auprès de toutes les Parties afin de pouvoir être commentées, puis transmises au CPE pour examen et ce avant le début de l'activité.

ANNEXE II : Conservation de la faune et de la flore de l'Antarctique – l'Annexe II énonce les règles et fixe le cadre pour la protection des animaux et des végétaux en Antarctique. Il est obligatoire d'obtenir un permis pour toute interférence nuisible avec les espèces indigènes de l'Antarctique. L'introduction d'espèces non indigènes n'est pas autorisée, à l'exception de certaines dérogations devant être définies dans le cadre d'un permis. L'Annexe II prévoit également la possibilité de désigner des « espèces spécialement protégées ».L'Annexe II a été révisée et mise à jour en 2009, notamment pour prendre en compte la protection des espèces invertébrées.

ANNEXE III : Élimination et gestion des déchets – l'Annexe III consacre le principe selon lequel la quantité de déchets produits ou éliminés en Antarctique doit être maintenue à un niveau minimum afin de protéger l'environnement et les autres valeurs de l'Antarctique. En outre, elle fixe un cadre pour le nettoyage des sites terrestres d'élimination des déchets créés avant l'entrée en vigueur du Protocole de Madrid, établit les règles pour l'élimination des déchets humains et l'utilisation des incinérateurs, et instaure l'obligation d'élaborer des plans de gestion des déchets. Des produits tels que les biphéniles polychlorés (PCBs), les billes et copeaux de polystyrène ou les types d'emballages similaires, et les pesticides sont interdits en Antarctique.

ANNEXE IV : **Prévention de la pollution marine** –
l'Annexe IV interdit aux navires de rejeter des substances
liquides nocives, des plastiques et d'autres déchets à la mer.
Le cadre qu'elle établit se révèle cohérent dans une large
mesure avec la Convention internationale pour la prévention
de la pollution par les navires de 1973, telle que modifiée
par le Protocole de 1978 s'y rapportant (MARPOL).
L'Annexe IV impose également aux Parties au Traité sur
l'Antarctique d'établir des plans d'urgence pour lutter contre
les urgences en matière de pollution marine dans la zone du
Traité sur l'Antarctique.

Les Annexes I à IV furent adoptées en 1991 en même temps que
le Protocole et sont entrées en vigueur en 1998.

ANNEXE V : **Protection et gestion des zones** –
l'Annexe V établit deux formes de zones protégées : les
zones spécialement protégées de l'Antarctique (ZSPA) et les
zones gérées spéciales de l'Antarctique (ZGSA). Tant les
ZSPA que les ZGSA requièrent la préparation d'un plan de
gestion, celui-ci devant ensuite faire l'objet d'un réexamen
au moins tous les cinq ans. Les ZSPA sont désignées afin de
gérer et de « protéger des valeurs environnementales,
scientifiques, historiques ou esthétiques exceptionnelles, ou
l'état sauvage de la nature », ainsi que la recherche
scientifique. Il convient d'obtenir un permis pour pénétrer
ou mener des activités à l'intérieur d'une ZSPA. Les ZGSA,
quant à elles, sont désignées afin de « faciliter la
planification et la coordination des activités, éviter
d'éventuels conflits, améliorer la coopération entre les
parties et réduire au minimum les répercussions sur
l'environnement ». L'Annexe V prévoit également la
désignation de sites et monuments historiques afin de
protéger et de préserver les sites dotés d'une valeur

historique reconnue. Adoptée en 1991, l'Annexe V est entrée en vigueur en 2002.

ANNEXE VI **: Responsabilité découlant de situations critiques pour l'environnement** – l'Annexe VI présente les mesures prévues pour prévenir et réagir face aux urgences environnementales dans la zone du Traité sur l'Antarctique provoquées par les programmes de recherche scientifique, le tourisme et d'autres activités gouvernementales et non gouvernementales. Elle édicte les règles régissant la détermination de la responsabilité pour les situations environnementales critiques et prévoit la possibilité de réclamer des dommages et intérêts auprès du pollueur responsable, s'il s'avère que celui-ci n'a pas entrepris des actions rapides et efficaces en réponse à une situation critique.

L'Annexe VI relative à la Responsabilité découlant de situations critiques pour l'environnement fut adoptée en 2005 et entrera en vigueur une fois que toutes les Parties l'auront approuvée.

La négociation et l'aboutissement du Protocole de Madrid ont constitué le point d'orgue d'années marquées par l'élaboration de normes et de pratiques environnementales, désormais synthétisées et articulées dans un seul accord global. Le Protocole a établi de nouvelles règles en matière de protection de l'environnement, y compris l'élaboration de nouvelles restrictions liées aux activités de l'homme en Antarctique ainsi que l'établissement d'un cadre destiné à incorporer les nouvelles questions par la création d'annexes supplémentaires. Par le truchement même du Protocole, la protection de l'environnement de l'Antarctique fut établie comme le troisième pilier du Traité sur l'Antarctique, sur fond d'une utilisation à des fins pacifiques et d'une coopération scientifique internationale.

Le Comité pour la protection de l'environnement
Son rôle et son fonctionnement

Le Comité pour la protection de l'environnement a été établi en vertu de l'article 11 du Protocole de Madrid. Le Comité a pour fonction de donner des avis et de formuler des recommandations aux Parties consultatives du Traité sur l'Antarctique « sur la mise en œuvre » du Protocole de Madrid.

L'article 12 du Protocole de Madrid définit les compétences du Comité, parmi lesquelles figurent la formulation d'avis sur l'efficacité de mesures prises conformément au Protocole ainsi que la nécessité de mettre à jour, de renforcer ou d'améliorer ces mesures, y compris d'adopter de nouvelles annexes le cas échéant. Le rôle du CPE consiste également à fournir des avis sur toute une série de questions parmi lesquelles :

- l'efficacité des mesures prises conformément au Protocole ;
- la nécessité de mettre à jour, de renforcer ou d'améliorer ces mesures de quelque façon que ce soit ;
- la nécessité, le cas échéant, d'adopter des mesures supplémentaires, notamment de nouvelles annexes ;
- l'application et la mise en œuvre des procédures d'évaluation d'impact sur l'environnement ;
- les moyens de réduire à un niveau minimum ou d'atténuer les effets sur l'environnement des activités menées dans la zone du Traité sur l'Antarctique ;
- les procédures relatives à des situations qui exigent une action urgente, notamment des mesures d'intervention dans des situations critiques pour l'environnement ;
- le fonctionnement et le développement du système de zones protégées de l'Antarctique ;
- les procédures d'inspection ;

- la collecte, l'archivage, l'échange et l'évaluation des informations concernant la protection de l'environnement ;
- l'état de l'environnement en Antarctique ; et
- les besoins en matière de recherche scientifique, y compris dans le domaine de la surveillance de l'environnement, relatifs à la mise en œuvre du présent Protocole.

Dès que la ratification du Protocole a été finalisée, le CPE n'a pas tardé à se mettre au travail, bien aidé par la RCTA qui avait mis en place un Groupe de travail intérimaire sur l'environnement depuis 1995 afin de préparer la création du CPE.

Le Comité pour la protection de l'environnement s'est réuni chaque année depuis 1998, généralement en parallèle de la Réunion consultative du Traité sur l'Antarctique. Les Parties au Protocole ont le droit de devenir membres du Comité et de participer au processus décisionnel. Toute Partie contractante au Traité sur l'Antarctique qui n'est pas Partie au Protocole dispose du droit de désigner un observateur pour assister aux réunions du Comité. Le Comité scientifique pour la recherche Antarctique (SCAR), la Commission de conservation de la faune et de la flore marines de l'Antarctique (CAMLR) et le Conseil des directeurs de programmes antarctiques nationaux (COMNAP) participent au Comité en qualité d'observateurs. En outre, sous réserve de l'accord de la Réunion consultative du Traité sur l'Antarctique, le Comité peut inviter d'autres experts et organisations utiles (cf. Tableau 1).

Le Comité pour la protection de l'environnement dispose de son propre Règlement intérieur et ses réunions se tiennent dans les quatre langues officielles du Traité sur l'Antarctique (anglais, français, russe et espagnol).

À l'issue de chacune de ses réunions, le Comité soumet un rapport à la Réunion consultative du Traité sur l'Antarctique pour examen, qui analyse à son tour les différentes recommandations formulées.

Les travaux du CPE

Depuis sa première réunion à Tromsø en 1998, année d'entrée en vigueur du Protocole, le Comité pour la protection de l'environnement a régulièrement formulé des avis à l'attention de la Réunion consultative du Traité sur l'Antarctique et a ainsi construit un corpus considérable de travaux. Pour preuve l'élaboration de nombreux outils pratiques en matière de gestion de l'environnement sur des questions comme l'évaluation d'impact sur l'environnement, les zones protégées, la conservation de la faune et de la flore, la surveillance environnementale, la pollution marine, les espèces spécialement protégées, les déchets des activités antérieures, les sites et monuments historiques, les espèces non indigènes, parmi d'autres questions.

Toutes ces lignes directrices et ces procédures destinées à protéger l'environnement de l'Antarctique ont été rassemblées dans le *Manuel du CPE*, régulièrement mis à jour sur le site web du STA. Le manuel rassemble la grande majorité de l'énorme travail accompli par le Comité sous la forme de lignes directrices et de procédures destinées à protéger l'environnement de l'Antarctique. Parmi les travaux du CPE, on retrouve :

- Les Lignes directrices pour l'évaluation de l'impact sur l'environnement en Antarctique et les Procédures d'examen intersessions des projets d'évaluation globale d'impact sur l'environnement.

- Les Procédures et lignes directrices relatives à la désignation des zones protégées de l'Antarctique et à la préparation et à l'examen de plans de gestion pour lesdites zones.
- Les Directives pour l'exploitation d'aéronefs à proximité de concentrations d'oiseaux dans l'Antarctique.
- Les Lignes directrices pour l'examen des projets de nouvelles désignations en rapport avec les espèces spécialement protégées.
- Un Manuel d'assainissement de l'Antarctique traitant des déchets et des lieux abandonnés.
- Le Manuel sur les espèces non indigènes contenant des conseils en matière de prévention, de surveillance et de réaction sur le sujet.
- Les Directives d'ordre pratique pour l'échange d'eau de ballast.
- Une Liste de contrôle pour l'inspection des zones spécialement protégées et zones gérées spéciales de l'Antarctique.
- Les Lignes directrices générales pour les visiteurs de l'Antarctique.
- Les Lignes directrices pratiques pour l'élaboration et la conception de programmes de surveillance continue en Antarctique.

Les avis du CPE à la RCTA ont mené à l'adoption d'une série de mesures régissant les activités de l'homme en Antarctique. Plus de 40 % des plus de cent mesures, décisions et résolutions adoptées par la RCTA depuis l'entrée en vigueur du Protocole découlent du travail du CPE.

Ce chiffre reflète la très forte priorité que les Parties au Traité sur l'Antarctique accordent au renforcement continu du cadre politique et juridique international relatif à la protection globale de l'environnement de l'Antarctique.

Le travail du CPE ne se limite pas à ses réunions annuelles, mais s'étend toute l'année durant par la réalisation d'activités intersessions. Celles-ci englobent les travaux des groupes de contact intersessions ouverts (GCI), établis pour entreprendre des travaux spécifiques complexes ou chronophages qui ne pourraient être réalisés pendant le déroulement des réunions du CPE ; la tenue de discussions informelles visant à faciliter le dialogue sur une série de questions soulevées pendant la réunion ; et les travaux du Groupe subsidiaire sur les plans de gestion (GSPG), qui procède à un examen régulier des plans de gestion, nouveaux et anciens, des zones spécialement protégées ou spécialement gérées de l'Antarctique. Enfin, l'examen de certains types d'évaluations d'impact sur l'environnement (évaluations globales d'impact sur l'environnement) se fait également sur une base intersessions.

Depuis la création du CPE, plus de 90 activités intersessions ont été réalisées. Tout se faisait au départ par échange de courriels. Depuis 2005, cependant, le Comité utilise un forum de discussion en ligne qui offre un cadre ouvert et dynamique pour les travaux intersessions, et archive admirablement bien toutes les discussions qui en résultent. Par ailleurs, des bases de données contenant les documents relatifs aux EIE et au système de zones protégées ont été élaborées et hébergées sur le site web du STA afin d'assister les membres du CPE dans leur travail et d'informer le grand public.

Le CPE a également organisé toute une série d'ateliers relatifs à des questions particulières, parmi lesquelles : les zones protégées de l'Antarctique (Lima, 1999), les futurs défis pour l'environnement en Antarctique (Édimbourg, 2006) et les zones marines et terrestres spécialement protégées de l'Antarctique (Montevideo, 2011). En outre, deux ateliers conjoints (Baltimore, 2009 et Punta Arenas, 2016) se sont tenus dans le but d'identifier les domaines d'intérêt commun et d'élaborer une approche commune pour les objectifs et les priorités de conservation entre le CPE et le Comité scientifique de la CAMLR.

À l'issue d'un atelier organisé en 2006, proposition fut faite de préparer un plan de travail quinquennal en vue de guider les travaux du Comité, reconnaissant ainsi que certaines questions exigeaient une réponse plus immédiate que d'autres. Le premier plan quinquennal fut adopté en 2008 et fait l'objet d'un nouvel examen chaque année afin de s'assurer qu'il reflète bien les priorités sur lesquelles les Membres se sont mis d'accord. Ledit plan quinquennal offre non seulement un cadre au Comité pour la protection de l'environnement lui permettant d'examiner les questions actuelles, mais il lui permet également d'anticiper les défis à venir.

Le plan 2015 accorde une très haute priorité aux travaux réalisés dans les domaines suivants :

- gérer les risques liés à l'introduction d'espèces non indigènes en Antarctique et au transfert d'espèce indigènes au sein même de l'Antarctique ;
- gérer de manière appropriée les impacts sur l'environnement du tourisme et des activités non gouvernementales ;
- comprendre les conséquences environnementales du changement climatique dans la région de l'Antarctique et y réagir ;
- améliorer l'efficacité de la gestion des zones protégées et poursuivre l'élaboration du système de zones protégées de l'Antarctique, y compris l'environnement marin.

Le plan de travail quinquennal du CPE offre la possibilité à la RCTA de commenter et d'influer sur la priorisation des travaux du CPE en respectant les intérêts et priorités propres à la RCTA. Ledit plan permet en outre aux observateurs du CPE et aux experts invités d'avoir, à l'avance, une idée du moment où le CPE abordera les questions qui les intéressent, leur permettant ainsi de planifier leur contribution aux travaux du CPE.

La charge de travail et la diversité des matières traitées par le CPE ont augmenté depuis la première réunion. Les Parties maintiennent leur soutien solide et permanent à l'égard de la protection de l'environnement de l'Antarctique et continuent de faire face aux défis nouveaux et émergents générés par les activités de l'homme dans la région de l'Antarctique, de même que ceux provoqués par le changement climatique et par d'autres pressions qui tirent leur origine dans d'autres parties du monde. La protection de l'environnement de l'Antarctique et des écosystèmes dépendants et associés continuera de figurer comme la priorité principale du Système du Traité sur l'Antarctique. Dans ce contexte, le rôle du Protocole de Madrid et du Comité pour la protection de l'environnement se révèle capital si nous voulons que l'Antarctique demeure cette zone naturelle consacrée à la paix et à la science.

Documentation supplémentaire[1]

Protocole au Traité sur l'Antarctique relatif à la protection de l'environnement

Annexe I – Évaluation d'impact sur l'environnement

Annexe II – Conservation de la faune et de la flore de l'Antarctique

Annexe III – Élimination et gestion des déchets

Annexe IV – Prévention de la pollution marine

---

[1] Disponible à l'adresse http://www.ats.aq

Comite pour la protection de l'environnement

Annexe V – Protection et gestion des zones

Annexe VI – Responsabilité découlant de situations critiques pour l'environnement

Manuel du Comité pour la protection de l'environnement

Base de données des évaluations d'impact sur l'environnement (EIE)

Base de données relative aux zones protégées de l'Antarctique

Tableau 1 : Membres et Observateurs du Comité pour la protection de l'environnement (avril 2016)

Membres – Parties au Protocole de Madrid			
Argentine	Australie	Bélarus	Belgique
Brésil	Bulgarie	Canada	Chili
Chine	République tchèque	Équateur	Finlande
France	Allemagne	Grèce	Inde
Italie	Japon	Corée (ROK)	Monaco
Pays-Bas	Nouvelle-Zélande	Norvège	Pakistan
Pérou	Pologne	Portugal	Roumanie
Fédération de Russie	Afrique du Sud	Espagne	Suède
Ukraine	Royaume-Uni	États-Unis	Uruguay
Venezuela			
Observateurs – Parties au Traité sur l'Antarctique qui ne sont pas Parties au Protocole de Madrid			
Autriche	Colombie	Cuba	Danemark
Estonie	Guatemala	Hongrie	Islande
Kazakhstan	Corée (RPDC)	Malaisie	Mongolie
Papouasie-Nouvelle-Guinée	République slovaque	Suisse	Turquie

Tableau 1 (suite) :

Observateurs – Organisations identifiées dans le Protocole de Madrid et/ou le Règlement intérieur			
Comité scientifique pour la recherche en Antarctique (SCAR)	Comité scientifique de la Convention sur la conservation de la faune et de la flore marines de l'Antarctique (SC-CCAMLR)	Conseil des directeurs des programmes antarctiques nationaux (COMNAP)	
Experts– Autres organisations scientifiques, environnementales et techniques			
Coalition sur l'Antarctique et l'océan Austral (ASOC)	Association internationale des otours-opérateurs en Antarctique (IAATO)	Organisation hydrographique internationale (OHI)	Union internationale pour la conservation de la nature (UICN)
Programme des Nations unies pour l'environnement (PNUE)	Organisation météorologique mondiale (OMM)		

*La liste actuelle est disponible via le lien
http://www.ats.aq/devAS/ats_parties.aspx?lang=f

www.ingramcontent.com/pod-product-compliance
Lightning Source LLC
Chambersburg PA
CBHW070949210326
41520CB00021B/7124